AF259678

MÉMOIRE

DU

CONSEIL DES DÉLÉGUÉS

DES COLONIES

À

M. LE BARON DUPERRÉ,

AMIRAL DE FRANCE,

MINISTRE DE LA MARINE ET DES COLONIES.

PARIS,

IMPRIMERIE DE COSSE ET G.-LAGUIONIE,

RUE CHRISTINE, Nº 2.

—

1841

MÉMOIRE

DU

CONSEIL DES DÉLÉGUÉS

DES COLONIES

A

MONSIEUR LE BARON DUPERRÉ,

AMIRAL DE FRANCE,

MINISTRE DE LA MARINE ET DES COLONIES.

Paris, le 24 mars 1841.

MONSIEUR LE MINISTRE,

Nous avons appris que l'on préparait, en ce moment, un projet de loi dont les principales dispositions seraient :

L'abrogation de la loi du 24 avril 1833;

La suppression des conseils coloniaux, et leur remplacement par des conseils généraux;

La suppression du Conseil des délégués, et son remplacement par des députés à la Chambre élective.

Si ce projet recevait votre approbation et celle du conseil des Ministres, s'il était adopté par les Chambres

1*

et sanctionné par le Roi, la constitution politique des colonies éprouverait une modification profonde.

Les conseils coloniaux seront-ils consultés sur un projet qui intéresse à un si haut degré les colonies, et qui les menace eux-mêmes dans leur existence?

Nous n'en pouvons douter. On ne voudra pas les frapper sans qu'ils aient pu se défendre, les condamner sans les avoir entendus.

Mais en attendant que nous puissions parler en leur nom, il ne nous est pas permis de garder le silence.

La loi qui nous institue veut que « les délégués, « réunis en conseil, donnent au gouvernement du « roi les renseignements relatifs aux intérêts géné- « raux des colonies. »

Les intérêts généraux des colonies sont attaqués par un projet qui met en question leur constitution politique et l'existence des conseils qui les représentent. Nous vous devons donc, M. le Ministre, et nous venons vous donner des renseignements que nous croyons utiles. Nous espérons que vous voudrez bien les accueillir favorablement.

Dans tous les cas, vous reconnaîtrez que nous accomplissons un devoir.

Abrogation de la loi du 24 avril 1833. La loi du 24 avril 1833 est à peine en vigueur depuis huit années, elle a été votée par la Chambre des Pairs à la majorité de 118 voix contre 5; par la Chambre des Députés, à la majorité de 216 voix contre 26.

C'est cette loi, qualifiée par le gouvernement, et par le rapporteur, à la Chambre des Pairs, M. Gautier, de *Charte coloniale*, qu'on veut abroger.

Suppression des Conseils coloniaux. Elle crée des conseils coloniaux.

On propose de les détruire.

On trouve leurs attributions trop étendues.

On veut les réduire, et les transformer en simples conseils généraux.

Vous n'ignorez pas, Monsieur le Ministre, que les attributions des conseils de nos colonies, sont beaucoup moins étendues que celles des assemblées des colonies anglaises, véritables assemblées législatives, pour tout ce qui concerne leur administration intérieure (1).

On veut imiter l'Angleterre dans des mesures qui peuvent compromettre l'existence de nos colonies, mais on refuse de les doter des institutions libérales dont elle a doté les siennes.

Les colonies anglaises ont un véritable gouvernement représentatif.

Nos colonies n'en ont que l'ombre; on veut qu'elle disparaisse.

Les assemblées des colonies anglaises ont résisté pendant longtemps aux projets d'émancipation de la métropole, avec une énergie que n'a jamais égalée la résistance de nos conseils coloniaux.

Adresses au Roi et au parlement.

Adresses aux gouverneurs.

Refus de concours.

Discussions ardentes, injurieuses même pour la métropole (2).

----

(1) On peut consulter sur ce sujet : Howard's laws of colonies. Clark's summary of colonial law.

Et surtout Statistics of the colonies of the British empire. London 1839, par Montgomery Martin.

(2) Nous citerons seulement l'adresse de l'Assemblée coloniale de Saint-Christophe, du 13 décembre 1838.

« Si le Ministère, dit cette adresse, veut sacrifier les Indes Oc-
« cidentales aux philanthropes du Parlement anglais *pour s'assurer*

Tel est le spectacle que les colonies anglaises ont donné au monde pendant plusieurs années, sans que l'Angleterre s'en soit émue. Elle n'a pas cru devoir s'arrêter devant la résistance de ses colonies, mais elle n'a jamais songé à briser les législatures coloniales, parce que ces législatures s'étaient opposées à sa volonté.

Loin de recourir à ces procédés despotiques, l'Angleterre les a appelées à lui donner leur concours.

Sir Robert Peel disait dans la chambre des Communes (1) :

« Le parlement d'Angleterre est seul compétent « pour décréter l'abolition, mais pour qu'elle s'ac- « complisse heureusement, il est d'une indispensable « nécessité d'obtenir la coopération des législatures « coloniales et des colons. »

Lord Stanley, secrétaire d'Etat des colonies, partageait l'opinion de sir Robert Peel, et ajoutait :

« Le parlement votera le principe et renverra les « détails d'exécution aux législatures coloniales; si « elles ne s'en occupaient pas d'une manière franche « et loyale, le parlement pourrait alors, mais alors « seulement, s'en charger lui-même.

« Lorsqu'il aurait décrété l'abolition et annoncé « aux législatures coloniales qu'il était résolu à l'effec- « tuer en cas de résistance de leur part, elles se sou- « mettraient de bonne grâce, et leur coopération aurait

---

« *de leurs votes*, que le sacrifice se consomme promptement. C'est « alors que quiconque possède quelque chose dans notre mal- « heureuse île, *maudira sa crédulité dans l'honneur et l'intégrité du* « *Parlement d'Angleterre.* »

(Parliamentary papers, 3ᵉ partie, page 195.)

(1) Séance de juin 1830.

« cet heureux résultat, que les esclaves, recevant pour
« ainsi dire la liberté des mains de leurs maîtres, se-
« raient disposés envers eux à la reconnaissance. »

L'opposition à l'abolition de l'esclavage des assemblées coloniales ne changea point les vues à la fois
bienveillantes et politiques du parlement anglais.

L'acte du parlement du 28 août 1833, qui prononce
l'abolition, autorise, par la clause 23, les législatures
coloniales « à substituer aux dispositions du présent
« acte d'autres dispositions qui, sans rien changer au
« fond, s'adapteraient mieux au régime intérieur des
« colonies.

« Il les autorise notamment, à faire les règlements
« propres à maintenir l'ordre et la discipline parmi les
« apprentis travailleurs; à assurer l'accomplissement
« ponctuel de leurs obligations; à prévenir et à punir
« l'indolence, la négligence ou la mauvaise exécution
« de leur travail; à prévenir et à punir leur insolence,
« le vagabondage, etc. »

Ceux qui veulent, à l'imitation de l'Angleterre, éman-
ciper les esclaves, devraient aussi vouloir, comme l'Angleterre, que l'émancipation s'effectuât avec le concours des colons, concours sans lequel il n'y a que
malheurs à attendre de l'émancipation (1).

Le jour où la métropole l'aura décrétée en principe,
elle devra, comme l'Angleterre, en réserver l'exécution aux assemblées coloniales.

Ces assemblées ont ce que la métropole n'a pas, la
connaissance pratique des lieux et des choses.

---

(1) A la page 22 du rapport de M. de Tocqueville, on lit :
« Pour arriver sans trouble au résultat heureux que l'émancipation doit produire, il est nécessaire d'obtenir et de conserver
l'actif concours des colons. »

Aux prises avec les difficultés de toute nature, elles pourraient seules trouver et appliquer les remèdes.

Mais on paraît décidé à se passer de leur concours, puisqu'on se propose dès à présent de les supprimer.

Nous avons dit que les conseils coloniaux avaient des pouvoirs beaucoup plus limités que les assemblées des colonies anglaises ; nous ajouterons qu'ils n'ont pas même les attributions qu'avaient *les conseils supérieurs* dans nos colonies avant 1789.

Si ce point est contesté, nous prenons l'engagement de le prouver, en citant les textes des édits, des déclarations et des lettres patentes.

On veut donc traiter nos Colonies moins libéralement que ne les traitait l'ancien régime ! plus durement qu'on ne traite un pays conquis auquel on laisse presque toujours ses institutions locales !

Quelles sont donc les attributions si dangereuses qu'il faut enlever, à tout prix, aux conseils coloniaux ?

On leur dispute principalement leurs attributions financières ; le droit que l'article 5 de la loi du 24 avril 1833 leur donne de voter, sur la présentation du Gouverneur, le budget intérieur de la colonie.

Il faut faire observer d'abord que ce droit est fortement limité par le 2ᵉ paragraphe du même article, qui porte : « que le traitement du Gouverneur et les dépen-
« ses du personnel de la justice et des douanes, sont
« fixés par le gouvernement et ne peuvent donner
« lieu qu'à des observations. »

Dans les budgets de 1840, à la Martinique, les dé-penses du *personnel*, soumises au vote du conseil, se sont élevées à 697,359 francs. Les dépenses obligatoi-res, non soumises à son vote, à 772,315 francs.

A la Guadeloupe, les dépenses du personnel soumises au vote du conseil ont été de. . . . . 867,090 fr. »

Les dépenses obligatoires de. . . . . 854,840 »

A Bourbon, les dépenses du personnel soumises au vote du conseil ont été de. . . . . 884,438 »

Les dépenses obligatoires de. . . . . 446,161 »

A Cayenne les dépenses soumises au vote du conseil ont été de. . . . . 319,193 »

Les dépenses obligatoires de. . . . . 347,500 »

Ainsi dans une colonie seulement, à Bourbon, les dépenses obligatoires sont moins fortes que les sommes soumises au vote de son conseil.

A la Guadeloupe, elles se balancent.

A la Martinique et à Cayenne les dépenses du personnel soumises au vote des conseils, sont beaucoup moins fortes que les dépenses obligatoires.

Quelques unes des dépenses votées par les conseils coloniaux ont été l'objet des critiques les plus vives.

Nous n'avons point à examiner actuellement si ces critiques sont fondées.

Mais nous ferons observer que ces dépenses, pour la plupart, n'ont pas été effectuées ;

Qu'ainsi elles n'ont été onéreuses ni aux colonies ni au trésor ;

Que d'ailleurs la loi du 24 avril 1833 ne laisse pas le gouvernement désarmé ;

Que le gouverneur peut refuser sa sanction au budget où seraient inscrites des dépenses qui lui paraîtraient dangereuses ou même inutiles ;

Qu'il peut présenter un nouveau budget, et au besoin même dissoudre le conseil colonial;

Que le Roi peut refuser de sanctionner les budgets

coloniaux quoique les gouverneurs leur aient donné une sanction provisoire.

On objecte que le Roi ne peut pas refuser sa sanction, parce que les conseils coloniaux sont convoqués et leurs budgets votés trop tard, pour qu'il puisse leur faire proposer un nouveau budget.

Vous nous permettrez de vous dire, Monsieur le Ministre, que si les conseils coloniaux sont convoqués trop tard, on ne saurait leur en faire un reproche, puisque l'époque des convocations ne dépend que des gouverneurs; qu'il suffira, à l'avenir, de les convoquer plus tôt, et que le Roi pourra alors exercer utilement sa prérogative.

Si le mal existe, le remède est, comme on le voit, facile; et il n'est pas besoin de recourir à un spécifique violent, la suppression des conseils coloniaux.

Les conseils coloniaux appelés à voter leurs dépenses, ou pour parler plus exactement, une partie de leurs dépenses intérieures, sont nécessairement appelés à voter les recettes.

Ce droit, qui consiste à trouver dans les ressources du pays les sommes nécessaires pour faire face à des dépenses, la plupart obligatoires, ils l'exercent avec un zèle consciencieux, mais ils ne voient pas qu'il puisse éveiller des susceptibilités et surtout motiver leur suppression.

Les autres attributions des conseils coloniaux avaient été énumérées dans le projet de loi présenté par le Gouvernement, le 16 décembre 1831.

L'article 4 de ce projet portait : « Seront soumis « au conseil colonial par le gouverneur, les projets « d'*intérêt local*, notamment en ce qui concerne « l'organisation municipale;

« Les recettes et les dépenses municipales;

« Le régime des habitations, les plantations, les vi-
« vres, les travaux publics, les routes royales, les che-
« mins vicinaux et de passage; la police rurale, les
« desséchements, les concessions, la santé publique,
« les banques et comptoirs d'escompte;

« Les emprunts, acquisitions, échanges ou aliéna-
« tions d'immeubles;

« Les dons et legs au-dessus de 1,000 fr.; les bureaux
« de bienfaisance, les hospices, les prisons;

« Les encouragements à donner à l'instruction pri-
« maire; les récompenses à accorder pour des ser-
« vices signalés rendus à la colonie,

« Et toutes les matières d'*intérêt local* qui ne sont
« pas comprises dans les articles 2 et 3. »

La loi du 24 avril 1833 n'a pas procédé par voie
d'énumération, mais elle porte, article 4 :

« Seront réglées par les décrets rendus par le con-
« seil colonial, sur la proposition du gouverneur, les
« matières qui, par les dispositions des deux articles
« précédents, ne sont pas réservées aux lois de l'État
« ou aux ordonnances royales. »

Or, aucune des matières énumérées dans l'article 4
du projet de loi de 1831 ne sont réservées aux lois de
l'Etat ou aux ordonnances royales par les articles 2
et 3 de la loi du 24 avril 1833; toutes ces matières
doivent donc être réglées par le conseil colonial, et
elles l'ont été, comme on peut s'en assurer par la
nomenclature des décrets coloniaux rendus depuis la
loi du 24 avril 1833.

Nous nous bornerons à indiquer les décrets rendus
par les conseils coloniaux de 1834 à 1836, c'est-à-
dire pendant leur première législature.

Ces décrets ont pour objet :

Les budgets coloniaux;

Les budgets municipaux;

La visite des navires;

Le port d'armes et l'exercice de la chasse;

L'autorisation d'aliéner divers terrains domaniaux, de vendre des rentes foncières;

L'échange d'immeubles;

Les prêts à divers établissements;

L'allocation de pensions viagères;

L'autorisation aux communes pour s'imposer;

L'organisation municipale;

L'organisation des ponts et chaussées;

L'organisation du service de la police;

La voierie, l'ouverture de diverses routes;

La police des routes et du roulage;

La police de la pêche locale;

Les primes d'encouragement à la pêche;

Les frais de liquidation de la banque;

La caisse d'escomptes et de prêts;

Le tarif des droits sanitaires;

L'augmentation des droits à la sortie des sucres;

Le droit de capitation sur les esclaves;

Le tarif des droits de pilotage;

Le tarif de perception des abattoirs;

La fabrication et la vente des rhums;

La police des hattes et ménageries.

On voit par cette nomenclature que les décrets coloniaux ont tous pour objet un *intérêt local*.

Si on ôte aux conseils coloniaux le pouvoir de rendre ces décrets, à qui le transférera-t-on? Aux lois de l'Etat ou aux ordonnances royales?

M. Gautier, rapporteur à la Chambre des Pairs de la loi du 24 avril 1833, s'y opposait par des raisons péremptoires.

« Ce serait, dit-il, un grave inconvénient que de

« remettre une foule de questions pour la solution
« équitable desquelles est nécessaire la connaissance
« d'un grand nombre de faits spéciaux que fait naî-
« tre un état social fondamentalement exceptionnel,
« à la décision des pouvoirs métropolitains, qui ne
« peuvent pas avoir ni acquérir, à un degré suffisant,
« cette connaissance.

« La pensée-mère du projet de loi, c'est de retenir
« dans le domaine de la législation, le jugement des
« questions générales, ou qui affectent d'une manière
« directe les intérêts moraux et matériels de l'Etat ;
« de remettre à la décision d'une *législature* locale,
« instituée à cet effet, les matières qui se rattachent à
« l'intérêt particulier des colonies en général et de
« chaque colonie en particulier. »

Le gouvernement avait exprimé la même opinion
que le rapporteur (1).

« Y aurait-il raison et justice à ce que la Chambre
« des Députés, méconnaissant le principe de la re-
« présentation qui est la base essentielle de son exis-
« tence, voulût, sans le concours d'une nombreuse
« population libre, régler tous les intérêts de cette
« population ?

« Ne serait-ce pas, de la part de la législation, as-
« sumer sur elle une grave responsabilité, que de
« s'attribuer exclusivement le droit de faire la législa-
« lation du pays où l'on sait que la position spéciale
« des habitants, les usages, les cultures, l'industrie,
« tout diffère des besoins matériels dont nos Chambres
« sont habituellement appelées à s'occuper ? »

Si on ne transfère pas aux Chambres et au Roi

---

(1) **Exposé des motifs du 17 décembre 1831.**

le pouvoir de rendre des décrets sur les matières d'*intérêts local* concernant les colonies,

Création de conseils généraux. Le laissera-t-on aux conseils généraux qu'on entend substituer aux conseils coloniaux ?

La prétendue réforme aboutirait dans ce cas, à une dénomination remplacée par une autre, et nous n'y attacherions pas la moindre importance ;

Proposera-t-on de le conférer aux gouverneurs ?

Nous ne pensons pas qu'on ose le proposer.

La Charte de 1830 plus libérale que la Charte de 1814, n'a pas voulu que les colonies continuassent à être régies par de simples *ordonnances*.

Et elles seraient régies par les *ordres* du gouverneur, sans le concours des colons !

La Charte de 1830, a développé le principe représentatif déposé en germe dans la Charte de 1814.

Et on anéantirait le principe même de la représentation, dans les colonies !

Du reste, quelque parti qu'on prenne à l'égard des conseils coloniaux, il faudra déterminer leurs attributions d'une manière précise, et dans la loi même.

Il ne suffira pas de renvoyer à l'ordonnance.

La Charte de 1814 l'eût permis ; la Charte de 1830 le défend.

L'article 73 de la Charte de 1814, portait que les colonies seront régies par des lois et des *règlements* particuliers.

L'article 64 de la Charte de 1830, porte que les colonies seront régies par des *lois* particulières.

La suppression du mot *règlement* est significative.

L'honorable M. Dupin aîné, l'a expliquée ainsi, dans la séance du 7 août ·

« Nous rentrons dans la légalité.

« Les colonies ne seront plus soumises à l'action « instable *des règlements* les plus bizarres.

« Leurs besoins, leurs griefs, ne seront plus sous-« traits à l'impartiale investigation du législateur. »

Les attributions des conseils généraux de la métropole ont été réglées par la loi du 10 mai 1838.

Les attributions des conseils généraux des colonies ne pourraient être réglées que par une loi.

On se propose aussi de supprimer *le conseil des dé-légués* institué par la loi du 24 avril 1833.

Si sa suppression devait être prononcée, sans rien mettre à sa place, aucune considération ne nous empêcherait de le défendre. En nous taisant pour échapper au reproche de soutenir une cause personnelle, nous pourrions consulter nos convenances, mais nous méconnaîtrions nos devoirs ; car ce n'est pas nous que nous avons à défendre, mais une institution....., qui tantôt sous un nom, tantôt sous un autre, existe depuis 1759, depuis près d'un siècle.

Les *conseils supérieurs*, sous l'ancien régime.

Les *conseils généraux* des colonies, sous la restauration, avaient leurs *députés* auprès du gouvernement du Roi.

Les *conseils coloniaux* n'ont pas été traités plus libéralement que les conseils supérieurs et les conseils généraux des colonies. On leur a accordé des délégués ayant, comme les *députés*, la mission de suivre, « près le gouvernement du Roi, l'effet des délibéra-« tions et des vœux des conseils coloniaux. » (Loi du 24 avril 1833, art. 19.)

Les conseils coloniaux et les conseils des délégués sont deux institutions qui se complètent l'une l'autre, dont le concours est nécessaire à la défense des intérêts des colonies,

Mais on se propose, dit-on, de remplacer le conseil des délégués, par des députés élus par les colléges électoraux des colonies, et siégeant dans la Chambre élective au même titre que les députés de la métropole. Ce serait là une grave innovation, ou plutôt un retour incomplet à la législation de 1791.

Nous l'accueillerions comme un bienfait, si on ne la faisait pas acheter aux colonies par la suppression des attributions législatives de leur représentation locale, et si d'un autre côté, la participation des colonies à la représentation nationale était efficace; si on leur donnait la réalité avec l'apparence, la chose avec le nom.

Et d'abord nous vous prierons, Monsieur le Ministre, de ne pas oublier que l'Assemblée nationale, en appelant les Français des colonies à participer à la représentation nationale, déclarait :

« Qu'elle n'entendait pas les assujettir à des lois qui « pourraient être incompatibles avec leurs conve- « nances locales et particulières. » (Décret des 8–10 mars 1790.)

C'est ce que la Charte de 1830 répète après 40 ans, presque dans des termes identiques.

Le même décret du 8 mars 1790 dispose, article 2 :

« Dans les colonies où il existe des assemblées colo- « niales librement élues par les citoyens et avouées « par eux, ces assemblées seront admises à exprimer « le vœu de la colonie.

« Dans celles où il n'existe pas d'assemblées sem- « blables, il en sera formé incessamment pour remplir « les mêmes fonctions. »

Dans son décret des 15 juin–10 juillet 1791, l'Assemblée nationale proclame, à l'égard des colonies, les principes les plus libéraux.

Le titre 1er, article 4, dispose :

« Les circonstances locales et la distance qui sépare
« les colonies des autres parties de l'empire, exigent
« des modifications dans l'application des lois consti-
« tutionnelles du royaume; celles qui régiront les co-
« lonies seront proposées par l'assemblée coloniale et
« décrétées par le Corps législatif. Elles formeront un
« code particulier, et ne pourront dans la suite être
« changées et modifiées par le corps législatif, *si ce*
« *n'est avec le concours de l'assemblée coloniale.* »

Le titre 10, article 5 : « Les lois et règlements sur
« le régime intérieur, c'est-à-dire ceux qui concer-
« nent les colonies, indépendamment et séparément
« de leurs rapports de commerce et de protection avec
« la métropole, seront proposés par l'assemblée colo-
« niale, pourront être exécutés provisoirement avec
« l'approbation du gouverneur, et seront soumis à la
« délibération du Corps législatif et à la sanction du
« Roi.

Titre 5, article 3 : « Toutes les délibérations sur
« l'administration intérieure des colonies, seront arrê-
« tées par l'assemblée coloniale.

Article 6. « L'assemblée coloniale règlera les tra-
« vaux et les dépenses de l'administration intérieure
« dans toute l'étendue de la colonie.

Article 8. « L'exécution provisoire des arrêtés de
« l'assemblée coloniale, approuvés par le gouver-
« neur, sera continuée aussi longtemps que le Corps
« législatif et le Roi n'auront rien prononcé de con-
« traire.

Article 13. « L'assemblée coloniale décidera seule
« de la publicité de ses séances, à laquelle les agents

« du pouvvoir exécutif ne pourront mettre aucun
« obstacle. »

Vous le voyez, Monsieur le Ministre, l'Assemblée
nationale, en même temps qu'elle appelait dans son
sein les représentants des colonies, maintenait les
assemblées coloniales ; elle en créait là où il n'en
existait pas.

On voudrait aujourd'hui détruire celles qui existent !

L'Assemblée nationale fixait d'une manière large
les attributions des assemblées coloniales.

On voudrait aujourd'hui réduire les attributions
déjà si restreintes des conseils coloniaux !

L'Assemblée nationale appelait les assemblées coloniales à faire, de concert avec elle, une constitution
particulière aux colonies, et qui ne pourrait à l'avenir
être changée ni modifiée sans leur concours.

On voudrait aujourd'hui détruire, sans leur concours, la loi organique du 24 avril 1833, la charte des
colonies et les conseils coloniaux !

Voilà les conditions auxquelles on accorderait la
représentation directe à quatre de nos colonies !

Quand à l'Algérie, à nos établissements dans l'Inde
et au Sénégal, auxquels le Gouvernement vient de donner des conseils locaux et des délégués, le principe de
la participation des colonies à la représentation nationale ne devrait-il pas leur être également appliqué?

Mais ce n'est pas tout de décréter un principe, il
faut le mettre en action.

S'il est facile d'écrire dans une loi que les colonies
auront le droit d'envoyer des députés à la Chambre, il
est beauconp plus difficile de les mettre en possession
de ce droit.

Le rapporteur de la loi du 24 avril 1833 à la Cham-

bre des Pairs, M. Gautier, déclarait que « l'admission
« dans la Chambre des députés des colonies, *irration-*
« *nelle* en principe, était *impraticable* en fait. »

Dans son rapport à la Chambre des Députés sur la
loi du 24 avril 1833, M. Passy s'exprimait ainsi :
« L'autre proposition, également faite dans le sein de
« votre commission, concerne le droit, pour les colo-
« nies, d'être représentées en France et d'élire des
« Députés qui viendraient siéger à la Chambre.

« Déjà l'exposé des motifs à l'appui du projet de loi,
« vous a rendu compte des raisons qui ont déterminé
« le Gouvernement à refuser son assentiment à un
« système adopté lors de la formation de nos premières
« assemblées nationales, et j'aurai peu de chose à
« ajouter pour justifier l'adhésion de la majorité de
« votre commission aux principes exposés par le Gou-
« vernement.

« On a dit que les chambres ayant à statuer sur des
« intérêts coloniaux, il était juste que ces intérêts
« fussent représentés, et que leurs organes inter-
« vinssent dans le débat ; que les colonies faisant partie
« intégrante du territoire national, devaient être con-
« sidérées comme des départements français, et qu'il
« y aurait dureté à leur imposer des lois à la confec-
« tion desquelles elles n'auraient pas participé.

« Messieurs, votre commission rend justice aux
« sentiments qui ont dicté ces réclamations ; et s'il
« s'agissait de populations qui vécussent tout entières
« sous les lois qui régissent la France, elle n'eût pas
« hésité à les accueillir favorablement ; mais, quelque
« intérêt que commande la situation des colonies, il
« lui semble impossible de ne pas tenir compte de
« l'importance des faits qui séparent si profondément
« leur ordre social du nôtre.

« En France, où règne l'égalité des droits, où nulle
« interdiction ne pèse sur aucune partie de la société,
« il y a homogénéité dans les existences, et les Députés
« n'ayant à délibérer que sur des intérêts communs à
« tous, ne faisant que des lois d'une application uni-
« verselle, sont considérés à juste titre comme les
« organes de la nation entière.

« Aux colonies, l'état social est constitué de telle
« sorte qu'il n'en saurait être ainsi. Là, les trois quarts
« au moins de la population, tous en servitude per-
« sonnelle, sont hors de la loi commune, un Code ex-
« ceptionnel les régit, et de l'excessive inégalité des
« droits conférés aux diverses classes de la popula-
« tion résulte entre elles une opposition d'intérêts
« sur laquelle on ne peut se méprendre.

« Que seraient donc, par suite de ce fait, les Dé-
« putés élus par les colonies ? Evidemment les man -
« dataires d'une seule classe, les organes de ses intérêts
« bien ou mal entendus, et non les représentants de la
« population entière. A l'inconvénient de n'appeler à
« participer au vote des lois qu'une des parties inté-
« ressées, leur admission à la Chambre joindrait celui
« d'ôter à la représentation nationale le caractère
« d'impartialité et d'homogénéité qui prête tant de
« force à ses actes.

« Ainsi, pour les lois qui régissent les colonies, les
« Députés qu'elles enverraient manqueraient de
« l'autorité attachée à l'impartialité législative. Quant
« aux autres, à quel titre les voteraient-ils ? Que leur
« importent nos appels d'hommes, nos lois de finances,
« nos emprunts, notre organisation administrative ?
« Presque tout ce qui forme notre vie sociale leur est
« complétement étranger. »

Le Gouvernement, dans son exposé des motifs d'un premier projet de loi présenté le 17 décembre 1831, avait déjà exprimé la même opinion.

« La Charte n'appelle à composer la chambre
« élective, que les Députés du territoire continental
« du royaume.

« D'un autre côté, les dispositions législatives en
« vigueur sur la circonscription électorale, ne font
« aucune mention des colonies.

« Ce silence s'explique par l'article 64 de la Charte
« qui déclare que les colonies sont régies par une lé-
« gislation particulière, parce que dans ces établisse-
« ments tout est différent de ce qui constitue la France
« européenne. »

« Cependant quelques voix dans le sein de cette
« Chambre, se sont élevées en faveur d'une proposi-
« tion tendante à ce que l'on appelât à y siéger des
« députés de nos principales colonies.

« Ce système quoique repoussé lors de la discussion
« de la dernière loi électorale devait nécessairement
« subir un examen approfondi, au moment où il s'a-
« gissait de régler le régime législatif des colonies.

« La commission de législation coloniale qui est
« établie près du département de la Marine, s'en est
« occupé avec le soin qu'exigeait une question aussi
« grave, et après une mûre délibération elle a exprimé
« une opinion négative.

« Les motifs de cette opinion sont d'abord le défaut
« absolu d'homogénéité entre la population métropo-
« litaine et la population des colonies, etc., à ces di-
« cultés morales viennent se joindre les obstacles
« matériels ; tels que l'éloignement des colonies, no-
« tamment de celles qui sont situées, au delà du cap

« de Bonne-Espérance; les chances de guerre mari-
« time, qui peuvent interrompre pendant longtemps
« toute communication avec la métropole.

« On comprend aisément les conséquences graves
« de ces obstacles dans un grand nombre de cas,
« parmi lesquels il suffit de citer celui d'une dissolu-
« tion de la Chambre, circonstance qui exposerait
« les Députés antérieurement élus, à n'arriver qu'au
« moment où leurs pouvoirs auraient cessé; et qui
« ne permettrait aux Députés nommés, par suite de
« nouvelles élections, de venir participer aux travaux
« de la nouvelle Chambre que plusieurs mois après sa
« réunion.

« Déterminé par ces motifs, le gouvernement n'a
« pas hésité à reconnaître qu'on devait éloigner toute
« idée d'appeler à la Chambre élective des députés des
« colonies. »

L'opinion du gouvernement et des commissions a
été partagée par les Chambres. La Chambre des députés, dans la discussion de la loi électorale, a rejeté
un amendement de M. *Laisné Villévesque*, qui proposait de donner aux colonies la représentation directe.

Et aucun amendement, tendant au même but, n'a
été proposé, ni à la Chambre des Pairs, ni à la Chambre des Députés, dans la discussion de la loi du 24
avril 1833.

Nous ne dirons point avec le gouvernement, avec
MM. les rapporteurs, que l'admission des députés
des colonies, dans la Chambre élective, est *irration-
nelle* en principe.

Mais nous craignons, comme eux, qu'elle ne soit *impraticable* en fait; et nous appelons, Monsieur le Ministre, vos sérieuses méditations sur les questions sui-
vantes :

Comment et par qui les colonies seront-elles représentées lorsque leurs députés ne pourront se rendre à
la métropole, les communications étant interrompues
par une guerre maritime?

Lorsqu'un député colon donnera sa démission, décè-
dera; lorsqu'il sera soumis à réélection pour accepta-
tion de fonctions publiques, son siége à la Chambre
sera-t-il vacant, et les colonies privées d'un député,
pendant 4 mois, 8 mois, un an, temps nécessaire pour
la convocation du collége électoral de la colonie, et
l'arrivée de son successeur?

Lorsque les élections d'une colonie auront été annu-
lées, la colonie se trouvera-t-elle privée de députés
pendant toute une session?

Depuis 1830, nous avons eu quatre à cinq dissolu-
tions, en sorte que chaque législature ne se compose,
en moyenne, que de deux sessions.

Les députés des colonies, et notamment de Bourbon,
et de nos possessions dans l'Inde, ne pourront arriver
à temps pour siéger à la première session.

Les colonies seront-elles privées de toute représentation, une session sur deux?

L'article 67 de la loi du 19 avril 1831 porte que les
députés ne reçoivent ni traitemeut ni indemnité. Cet
article a été l'objet de critiques, même pour les députés domiciliés en France.

L'honorable M. Isambert, dans la discussion de la loi
électorale de 1831, avait proposé par amendement «de
« donner aux députés une indemnité de 20 francs par
« jour pendant la session, et des frais de poste pour
« l'aller et le retour du chef-lieu du gouvernement
« au chef-lieu de l'arrondissement électoral.

« M. Baudet-Lafarge proposait de donner aux con-
« seils généraux de département, la faculté, s'ils le

« jugeaient convenable, de voter les fonds, pour
« payer une indemnité à leurs députés. »

La Chambre a rejeté les amendements de MM. Isambert et Baudet-Lafarge. Mais les députés colons seraient dans une position différente des députés domiciliés en France.

Un député domicilié en France vient à Paris en peu de temps et à peu de frais; il peut retourner chez lui, même pendant la session, si des affaires urgentes l'y rappellent.

La session terminée, il peut quitter Paris, et n'y revenir qu'à la session suivante. Tout cela serait impossible au député colon. Forcé de s'expatrier pour cinq ans, d'abandonner ses propriétés, qu'il ne pourrait plus surveiller ; ses affaires, qu'il ne pourrait plus diriger, dans l'impossibilité de retourner dans sa colonie, ni pendant la session, ni après la session ; assujetti à des frais de voyage considérables, n'aurait-il pas droit à une indemnité ? ne pourrait-on pas autoriser le conseil général de la colonie à lui en allouer une ?

Pour la négative, on dira que rien n'oblige les colons domiciliés hors de France à accepter la députation. Que les colons pourront se faire représenter, ou par des colons domiciliés en France, ou par des métropolitains ; mais c'est là précisément ce qu'on paraît ne pas vouloir.

Et nous n'hésitons pas à le dire, c'est peut-être là le principal motif des attaques dont la délégation est aujourd'hui l'objet.

D'ailleurs, de quel droit circonscrirait-on le choix des électeurs colons ?

Pourquoi les réduire, par l'absence d'une indemnité, à l'impuissance de trouver des candidats dans leurs colonies, à la nécessité de les choisir dans la métropole?

Après avoir réglé les conditions de l'éligibilité, il faudra régler aussi les conditions nécessaires pour être électeur, les circonscriptions, et tout ce qui concerne les listes électorales.

Les conditions prescrites pour être électeur ou éligible, quand il s'agissait de conseils coloniaux, seront-elles maintenues quand il s'agira d'être électeur ou éligible à la Chambre des Députés?

Les circonscriptions qui avaient été déterminées dans chaque colonie, pour la nomination des trente membres du conseil colonial, et de seize à Cayenne, pourront-elles être maintenues, quand il n'y aura plus qu'un député à nommer à Cayenne, et deux députés dans les autres colonies?

Y aura-t-il un collége unique qui nommera tous les députés de la colonie, ou autant de colléges que de députés à nommer?

L'article 23 de la loi du 24 avril 1833, renvoyait à l'ordonnance royale, pour déterminer, avec les modifications qu'exigent les circonstances locales, l'application à chacune des colonies, des dispositions *réglementaires* de la loi du 19 avril 1831 sur les élections.

Ce renvoi nous paraît contraire à l'article 64 de la Charte qui veut que les colonies soient régies par des *lois*.

Mais si l'on a pu renvoyer à l'*ordonnance* quand il s'agissait seulement d'élection à des conseils coloniaux,

On ne pourrait ni ne voudrait y recourir quand il

s'agirait d'élection à la Chambre des Députés (1).

Nous ne prétendons pas, Monsieur le Ministre, que les difficultés que nous venons d'exposer, ne puissent être résolues, mais nous demandons, et nous avons droit de demander, une solution qui satisfasse les colonies.

Lorsqu'on offre aux colonies la représentation directe à la Chambre élective, en remplacement de leurs conseils coloniaux, du moins faut-il qu'en perdant leur représentation locale, elles obtiennent une participation *réelle* dans la représentation nationale?

Vous connaissez, Monsieur le Ministre, les dispositions de l'ordonnance du 29 avril 1831 sur l'établissement, les fonctions et la composition des conseils généraux de commerce, de manufactures et d'agriculture, et du conseil supérieur.

Si l'on supprimait les conseils coloniaux et le conseil des délégués pour les remplacer par des conseils généraux et par des députés, il y aurait nécessité de donner au commerce et à l'agriculture des colonies *une représentation spéciale*, comme au commerce et à l'agriculture de France.

---

(1) Dans la séance de la Chambre des Députés du 20 avril 1833, MM. Roger du Loiret, Isambert, de Tracy, objectaient que la Charte de 1830 serait violée si on soumettait les colonies au régime des ordonnances.

Qu'elle serait violée lors même qu'elles seraient soumises au régime des ordonnances en vertu d'une *délégation législative*.

M. le Ministre de la marine, tout en repoussant l'objection lorsqu'il s'agissait de *matières administratives*, qui sont du domaine de l'ordonnance, déclarait qu'elle eût été fondée, s'il se fût agi de *matières législatives*.

Les colonies auraient à nommer des membres aux conseils généraux de commerce et d'agriculture.

Cette représentation leur était donnée par l'arrêt du conseil d'Etat, du 10 décembre 1759 qui portait, art. 11 :

« Pour rendre l'établissement des Chambres d'a-
« griculture et de commerce le plus avantageux
« possible aux habitants et négociants des colonies,
« et leur donner un moyen certain d'expliquer leurs
« différents sujets de délibération, Sa Majesté veut
« bien permettre auxdites Chambres d'avoir un dé-
« puté à la suite de son conseil, à l'instar des prin-
« cipales villes de son royaume. »

Article 12. « Le député aura entrée et séance au
« bureau du commerce, ainsi que les autres députés
« des principales villes du royaume. »

L'assimilation des colonies à des départements français donnerait lieu d'examiner les questions les plus graves.

Nous nous bornerons à les indiquer :

La constitution de la société coloniale ne forme-t-elle pas un tout qui ne peut pas être séparé, remanié dans une de ses parties, sans inconvénients, sans périls ?

Si l'on doit toucher un jour à l'organisation sociale des colonies ne devrait-on pas ajourner jusque-là les changements à faire à leur organisation politique ?

Telle est l'opinion formellement exprimée à la tribune par un membre du cabinet (1).

-----

(1) Dans la séance du 6 mars dernier, M. Guizot, Ministre des affaires étrangères a dit :

« La Commission a deux grandes questions à examiner :

« Comment on peut parvenir à l'abolition de l'esclavage, et

Si on veut dès à présent toucher à la question politique, les colonies ne sont-elles pas en droit de demander que l'on touche aussi à la question commerciale?

Qu'on leur permette d'exporter leurs produits à l'étranger?

De recevoir les produits étrangers?

Qu'on n'assujettisse les produits coloniaux, en France, qu'aux droits payés par les produits similaires français?

Nous livrons ces considérations, Monsieur le Ministre, à votre sollicitude pour les colonies.

Nous avons l'honneur d'être,

MONSIEUR LE MINISTRE,

Avec un profond respect,

Vos très humbles et très obéissants serviteurs,

Pour les Membres du Conseil,

Le Président,

B^{on} CH. DUPIN.

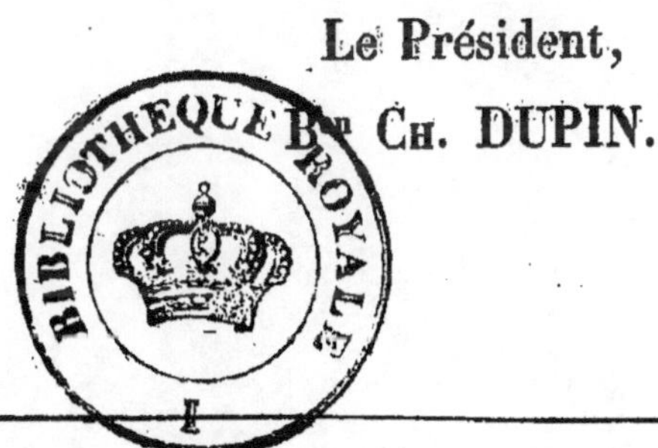

« comment la réforme du régime économique et de l'administra-
« tion des colonies doit se lier à l'abolition de l'esclavage?
« Ces deux questions ne doivent pas être séparées et ne peu-
« vent être bien résolues qu'*ensemble.* »